RAPPORT

SUR UNE

MISSION EN ITALIE

PAR

M. Henri LE BOURGEOIS

INSPECTEUR GÉNÉRAL DE L'INSTRUCTION PUBLIQUE

PARIS

LIBRAIRIE CH. DELAGRAVE

15, RUE SOUFFLOT, 15

—

1885

RAPPORT

SUR UNE

MISSION EN ITALIE

Monsieur le Ministre,

Par un arrêté en date du 25 janvier 1884, vous m'avez fait l'honneur de me confier une mission en Italie ayant pour objet de vous éclairer sur certains détails d'organisation scolaire qui, par leur analogie ou leur dissemblance, se prêteraient à des observations de nature à faciliter l'étude de quelques-unes des questions dont votre administration se préoccupe encore aujourd'hui.

Je n'avais pas, d'après les instructions qui m'étaient données, à classer les observations dont il s'agit dans un ordre déterminé à l'avance ; ce n'était pas non plus des chiffres qu'il me fallait rassembler pour servir à une statistique comparative dont nous avons les éléments sous la main ; je devais recueillir des faits scolaires, m'entretenir avec les gens du métier, examiner les transformations successives qui se sont opérées dans un pays où les événements politiques presque contemporains ont si largement influé sur la haute direction des écoles de tous les degrés, l'esprit de la population et ses aspirations.

Enfin, pour permettre à ceux que ces travaux intéressent de remonter plus aisément aux sources, j'étais autorisé à compléter, selon les circonstances, la partie italienne de la bibliothèque de notre Musée Pédagogique, qui pourra désormais mettre à la disposition de ses nombreux lecteurs beaucoup de documents officiels et autres dont ils étaient privés.

C'est donc ainsi, Monsieur le Ministre, que j'ai été conduit à rédiger les notes qui suivent, au fur et à mesure, dans le cours de mon voyage et à propos desquelles il sera souvent nécessaire de se référer aux ouvrages joints au présent rapport.

L'un de mes honorables collègues (1), dans une brochure qui n'a rien perdu de son actualité et dont un grand journal de Paris eut la primeur, il y a peu d'années, avait touché, avec le tact exquis qui distingue ses productions, aux points les plus délicats d'une semblable étude qu'il avait su rendre aussi profitable qu'attrayante; j'ai eu par suite à parcourir un champ exploré avant moi et je dois m'estimer bien heureux si, venant après un pareil chercheur, j'y retrouve quelques glanes qui ne soient pas trop indignes de votre bienveillante attention:

Je ne connaissais guère les institutions italiennes que par des publications périodiques ou intermittentes d'une autorité contestable, et il me parut que la visite préalable des principaux musées scolaires de la péninsule me montrerait, en quelque sorte, en raccourci ce qu'on a tenté en Italie pour y élever successivement le niveau intellectuel et matériel des écoles; c'est par là même que le hasard m'a amené à étudier, dès le début, le musée pédagogique de Gênes.

I

La création du musée pédagogique de Gênes (*Civico Museo pedagogicò e scolastico*) date de trois ans, et l'inauguration en fut faite par le Ministre de l'Instruction publique. Cet établissement, qui fait le plus grand honneur à M. l'inspecteur Innocenti Ghini, sous la direction duquel il est placé, et à l'adjoint au maire de la cité, délégué à l'instruction communale, contient déjà de remarquables collections, mais plus utiles encore que rares, et particulièrement propres à initier les maîtres aux procédés intuitifs applicables aux différentes branches de l'enseignement élémentaire.

On n'y a rien négligé, d'autre part, pour populariser les appa-

---

(1) *Deux mois de mission en Italie*, par Félix Pécaut, — Paris, Librairie Hachette, 1880.

reils scientifiques de l'usage le plus facile dans les écoles, les meilleurs types de constructions scolaires, de mobiliers et d'accessoires variés dus au génie inventif des maîtres italiens.

Les principales collections, réparties dans trois vastes salles, ont été classées, dit M. le directeur Ghini avec une modestie qui fait son éloge, d'après les indications des musées du même genre de Saint-Pétersbourg et de Paris, et elles ne comprennent pas moins de vingt-quatre sections, savoir :

1° L'instruction religieuse (cartes, atlas, albums et gravures);

2° L'instruction et l'éducation dans la famille et les jardins d'enfants (tout le matériel Frœbel de fabrication italienne et étrangère);

3° L'enseignement par l'aspect *(Insegnamento oggettivo)*;

4° La lecture et l'écriture;

5° La calligraphie;

6° L'arithmétique, le système métrique, la géométrie, etc.;

7° Le dessin;

8° L'histoire (tableaux, costumes anciens, armes, modèles de vaisseaux, etc.);

9° La géographie (cartes muettes et en relief, etc.);

10° et 11° Les sciences physiques et naturelles;

12° L'agriculture et l'horticulture;

13° L'industrie et la technologie;

14° La marine;

15° Les travaux pour les écoles de filles;

16° et 17° Les constructions scolaires et le mobilier scolaire;

18° L'hygiène;

19° La gymnastique et les exercices militaires;

20° Le chant;

21° et 22° Les bibliothèques pédagogiques et scolaires;

23° Les journaux et périodiques;

24° La bibliothèque circulante.

Cette énumération rappelle assurément, par plus d'un côté, les collections de la rue Lhomond; nos éditeurs français ont été souvent aussi mis à contribution par les pédagogues génois; ceux-ci ne font du reste nulle difficulté de reconnaître qu'ils prennent leur bien où ils le trouvent, et ce n'est pas leur moindre mérite d'en faire l'aveu.

Il serait injuste de ne pas constater, à notre tour, qu'il y a dans l'idée qui a présidé à la formation du musée de Gênes quelque chose de particulièrement propre aux fondateurs. On n'est pas seulement ici en présence d'objets fort méthodiquement classés, d'une valeur incontestable, et se rattachant de plus ou moins près à un système d'enseignement élémentaire et supérieur bien combiné; le directeur Ghini s'est, avant tout, préoccupé du milieu où il se trouve; il a tenu à rendre les instruments d'éducation familiers à un personnel encore peu exercé et, pour atteindre ce but, il a fait du musée un centre d'expérimentation où les instituteurs de la circonscription viennent, chaque mois, par groupes distincts, apprécier, *de visu*, les procédés qu'on leur soumet et discuter, sous les yeux de leur chef (car M. Ghini est, en outre, inspecteur des écoles municipales), le mérite des appareils dont le musée s'est enrichi.

Sous le titre : Instruction et éducation enfantines (section 2 du classement), il semble qu'on se soit plu à multiplier les jeux instructifs, qui sont, à la fois, des exercices d'adresse et d'intelligence. L'Allemagne a fourni là un large contingent.

Si complètes qu'elles soient, les collections relatives à l'enseignement de la lecture, de l'écriture, des mathématiques et du dessin témoignent plutôt du soin qu'on a apporté à leur composition que du souci d'innover en ces matières (n°s 4, 5 et 6). M. Ghini et ses collaborateurs ont du moins eu le mérite d'en réunir la majeure partie avec des ressources presque insignifiantes.

Les sections de l'histoire et de la géographie renferment, en plus du matériel ordinaire dont nos bonnes écoles sont pourvues, quelques spécimens qui dénotent une louable initiative. S'il y a derrière les vitrines peu de cours complets d'histoire italienne (1), la collection des livres de cette catégorie répond toutefois suffisamment aux besoins des écoles primaires où, avec raison, à mon sens, on a jugé qu'un cours complet d'histoire serait peut-être superflu. On s'est attaché à des notions

----

(1) L'histoire populaire de l'Italie reste à faire, et l'on comprend combien il eût été difficile d'obliger les instituteurs italiens, mal préparés à cette tâche, à enseigner l'histoire d'un pays dont l'unité est au nombre des événements contemporains et dont les différentes fractions ont elles-mêmes subi tant de vicissitudes.

succinctes sur la vie des personnages qui ont illustré leur pays et, au musée comme dans les écoles, on a accordé la préférence à la biographie, en laissant aux maîtres la tâche de combler les lacunes et de relier entre elles et en peu de mots les grandes époques historiques et les principaux événements qui les remplissent.

Le livre se complète par les tableaux reproduisant les personnages de la leçon, les costumes, les modèles d'armes, les engins de guerre, etc., etc.

A côté des cartes muettes et en relief que nous connaissons, on remarque un appareil peu répandu et qui serait d'un grand secours à nos instituteurs pour l'enseignement de la géographie physique. Cet appareil d'une extrême simplicité se compose d'une table ronde d'un mètre de diamètre, recouverte d'un papier bleu mat ayant l'aspect de la mer telle qu'on la figure sur nos cartes de couleur. Les seuls accessoires se bornent à une boîte de la capacité d'un litre à peu près, remplie de sable jaune assez fin, d'une brosse recourbée, d'un pinceau et de quelques rubans très étroits.

Le sable répandu en bloc sur la table forme une montagne; étendu d'une certaine façon avec la brosse, qui sert aussi à réserver les bleus, il peut donner l'idée d'un continent, d'une île d'une presqu'île; un coup de pinceau adroitement appliqué sur le tout creuse une vallée au fond de laquelle un bout de ruban nuancé, jeté dans une direction convenable, représente le fleuve ou la rivière; quelques jouets de construction feront les villages ou les ports de mer et se prêteront à une foule de combinaisons qui apprendront aux enfants rangés autour du maître la géographie physique comme un délassement.

Cette très ingénieuse invention est due au professeur Belluzzi de Bologne; elle est désignée sous le nom de *Tavola per esercizi geografici;* la table et les accessoires coûtent environ 10 francs. Des maîtres intelligents la fabriqueraient eux-mêmes avec économie.

La table géographique aurait été, m'a-t-on dit, introduite, il y a peu de temps, à l'École La Martinière de Lyon par le directeur de cette institution après une visite faite au musée de Gênes.

L'administration génoise, qui a doté son musée de tous les

instruments et produits. nécessaires pour composer un cabinet de physique et un laboratoire de chimie appropriés à des cours complets d'enseignement supérieur, a reçu de la *Società Galileo* de Florence d'intéressants petits modèles de cabinets de physique à·bas prix (300 et 400 francs) qu'on apprécie beaucoup dans les localités qui ne pourraient, vu l'insuffisance de leur budget, acquérir des appareils de dimension ordinaire.

Les collections d'histoire naturelle, d'agriculture, d'horticulture, de technologie ont été tirées du sol même, pour ainsi dire, ou empruntées aux industries de la région (*Prodotti alimentari e oleiferi, profumi, filigrane, corallo, marmi e in generale tutti i prodotti principali dell' industria ligure*).

Les modèles de navire, les travaux de femme (1), les ustensiles de ménage occupent une division importante.

Enfin une salle entière a été consacrée aux constructions et au mobilier classique. A côté des plans en relief de dimensions diverses que chacun connaît, on en remarque une série dont les types sont construits sur échelle assez réduite pour pouvoir être adressés, sous forme de colis postaux, aux municipalités qui en demandent communication. On a introduit de cette façon, au musée de Gênes, le matériel scolaire « roulant » de même que la bibliothèque roulante, et rendu ainsi effective l'application d'un principe dont la mise en pratique, en France, est toujours à l'étude.

Les tables-bancs qu'on tend à propager dans les écoles de la Haute-Italie sont à deux places et à dossier. La tablette formant pupitre est articulée au milieu, et, quand la partie inférieure de cette table se relève et se renverse, elle recouvre l'encrier et le serre-plumes. Cette combinaison a le double avantage de faciliter le passage entre les tables et de prévenir les accidents si communs avec les modèles qui laissent les encriers à découvert. La table dont il s'agit est surtout en faveur dans les écoles de filles, où l'on a imaginé d'y fixer, de plus, un coussinet servant à retenir le travail de l'élève et qui rentre dans le pu-

---

.. (1) Parmi les travaux de femme spéciaux à la ville de Gênes, il convient de citer les ouvrages d'orfèvrerie en filigrane dont s'occupe une grande partie de la population féminine et auxquels les jeunes filles sont exercées avec un remarquable succès à l'école Galliera.

pitre quand la tablette est rétablie. Ce détail vaut la peine qu'on s'y arrête. C'est un perfectionnement inventé par le directeur du musée et qui n'augmente pas sensiblement le prix des tables.

Notons à ce propos un autre appareil dont M. Ghini est également l'auteur et à l'aide duquel on peut déterminer avec précision les proportions des tables-bancs selon la taille des enfants qui doivent les occuper. Cet appareil, qui a été justement distingué à l'Exposition nationale de Turin, n'est pas encore livré au commerce, mais il aurait sa place marquée surtout dans nos grandes écoles.

Les registres du musée accusent 1,655 visiteurs, du 1er septembre 1881 au 1er septembre 1882, et 780 prêts de livres à domicile. Ces nombres avaient été dépassés pendant les huit premiers mois seulement de l'année dernière.

L'établissement est essentiellement communal. Les habitants de Gênes ont concouru à sa fondation, et à leurs souscriptions sont venus s'ajouter les subsides du Gouvernement, de la province et de la municipalité.

L'ancienne et somptueuse église de San Sylvestre, très intelligemment aménagée, a abrité sous ses voûtes imposantes le musée pédagogique et le gymnase qui y est annexé. Les admirables fresques du monument ajoutent encore à la splendeur du cadre un charme qui n'est certes pas à dédaigner.

II

Il semblerait qu'en Italie les œuvres exclusivement municipales ont une vitalité qu'on rencontre plus rarement dans les institutions analogues relevant de l'État, et l'on serait porté à croire que ces dernières, sujettes aux variations produites par les événements politiques dans les départements ministériels, n'ont pas les chances de durée qu'on attribue aux fondations des municipes.

Un ministre italien qui a laissé de sympathiques souvenirs, M. Bonghi, avait doté la ville de Rome d'un musée pédagogique qui occupait cinq vastes salles du *Collegio Romano ;* c'était un établissement hors ligne ; il était administré par un directeur aidé de deux assistants, d'un secrétaire et d'un écrivain-dessinateur. L'accès en était libre, chaque jour, de 10 heures à 4 heures pour les maîtres et les personnes autorisées; on y pouvait consulter une riche bibliothèque où tous les pédagogues italiens et étrangers avaient leur place; la plupart des statistiques et des journaux d'enseignement étaient à la disposition des lecteurs. Le distingué directeur du musée, M. le professeur Labriola, était parvenu à créer là entre les maîtres de la péninsule un mode d'échange d'ouvrages à examiner, et, avec les municipes, une correspondance suivie concernant l'application des lois scolaires, le choix des livres de classe et des mobiliers.

C'était, sur une plus large échelle encore, l'extension des procédés appliqués par le directeur du musée de Gênes.

Tel était le musée pédagogique de Rome jusqu'au 26 mars 1881.

« C'est, disait M. l'inspecteur général Pécaut, une création de l'honorable M. Bonghi; j'ai eu l'honneur de la visiter avec lui; il en parle *con amore*; il en suit les progrès, en homme de vues amples, et tout ensemble d'esprit *positif*, qui comprend les services que l'on peut attendre d'un musée de pédagogie bien conduit... »

Au très vif regret des hommes d'éducation, l'œuvre de M. Bonghi a suivi la fortune de son fondateur. L'un des derniers ministres de l'instruction publique a vu disparaître, ou peu s'en faut, la fondation que son prédécesseur entourait de tant de sollicitude. Les locaux avec les livres qu'ils contenaient ont été cédés à la bibliothèque Victor-Emmanuel; la garde des autres collections qui n'y pouvaient entrer a été laissée à un professeur de l'Université; mais le musée proprement dit a perdu sa dotation.

Il ne paraît pas douteux que le nouveau Ministre, M. Coppino, ne soit instamment sollicité par les amis de l'enseignement populaire, en vue du prochain rétablissement d'une institution qui méritait un meilleur sort.

III

Le musée pédagogique de Palerme m'avait été depuis longtemps indiqué comme l'un de ceux qui se recommandaient à mes études, et d'ailleurs, le professeur Latino, qui en est l'administrateur, jouissait d'une réputation trop bien acquise pour que je perdisse l'occasion de me mettre en relations avec lui. C'était, me disait-on, un pédagogue émérite, actif et au courant des questions du jour. J'ai eu le regret de ne pas rencontrer M. Latino à Palerme; mais j'ai été dirigé au milieu des collections du musée par son jeune frère et l'inspecteur Romano, qui ont suppléé, avec une parfaite bonne grâce, à l'insuffisance de mes informations.

A Palerme, c'est l'État qui est aujourd'hui propriétaire de l'immeuble; le Musée est situé au-dessus d'une école du génie; une inscription en français en marque l'entrée, — elle est empruntée au livre de M. J. Simon, *l'École* : « Le peuple qui a les meilleures écoles est le premier peuple; s'il ne l'est pas aujourd'hui, il le sera demain. »

Le musée comprend quatre salles : l'une d'elles sert parfois de lieu de réunion aux membres de « *L'Unione nazonale per l'educazione di Palermo* » qui y donnent des conférences.

La seconde pièce renferme de nombreuses publications périodiques locales qui attestent à quel degré la Sicile s'est associée, depuis son annexion, au grand mouvement intellectuel qui s'accentue chaque année sur le continent. Je citerai, outre nos journaux d'enseignement les mieux rédigés, « *La Scuola nova* », — « *L'Archivio di Pedagogia e Scienza sociale* » à la rédaction duquel le professeur Latino prend une part importante; une série d'appareils de construction pour l'enseignement de la perspective attribués aussi au directeur; la plupart des plantes industrielles de la Sicile, méthodiquement groupées par M. Latino et le professeur Siracusa; un compte rendu très détaillé de « *l'Ultima Mostra universale.* »

La salle voisine est réservée aux documents qui concernent l'enseignement par l'aspect, et la quatrième et dernière salle est en partie occupée par un modèle de gymnase, en haut relief, « *Palestra coperta* », exécuté d'après les plans de la Société de gymnastique de Turin.

De toutes les cartes réunies au Musée, celle devant laquelle les visiteurs s'arrêtent de préférence et qui est destinée à l'enseignement de la cosmographie, représente une sorte de sphère céleste d'un fond bleu foncé et qui, appliquée sur une fenêtre, donne, par transparence, aux constellations ingénieusement ponctuées un incomparable éclat. L'invention est due à la maison Mollinger, de Zurich; elle est peu répandue encore dans nos écoles.

Le musée de Palerme n'a pas été exempt de vicissitudes, et le professeur Latino n'est pas parvenu sans peine à le réorganiser; quoi qu'il en soit, s'il ne possède encore rien de rare ou d'absolument inédit, on sent qu'on a voulu en faire d'abord un centre d'études, et de fait, les travailleurs sont sûrs de se procurer au Musée des documents utiles, des ouvrages de chevet, si je puis ainsi dire, auxquels on revient souvent et que l'on consulte toujours avec profit.

J'ajouterai que le musée de Palerme n'est pas l'unique endroit où se discutent les questions d'école; la ville, qui est le chef-ieu d'une célèbre Université, a un cercle (*circolo filologico*) ouvert aux étrangers avec une courtoisie que nous ne saurions dépasser et où les amis de l'instruction peuvent traiter quotidiennement des sujets chers aux pédagogues (1).

IV

Quiconque n'envisagerait que superficiellement les institutions italiennes serait, sans doute, porté à conclure qu'il s'est opéré en ce pays une complète et définitive évolution dans le grand courant des idées modernes; il serait cependant téméraire d'affirmer que la suppression des petits États qui morcelaient la Péninsule ait réalisé l'unité de l'Italie, telle que nous pourrions la concevoir. L'Italien de Florence diffère de l'Italien de Rome, autant que le Napolitain du Piémontais, et bien qu'un péril commun les rassemblât sous un même drapeau, on ne saurait qu'être vivement frappé de cette préoccupation de l'habitant de chaque cité à prévenir contre toute atteinte « l'autonomie communale ».

---

(1) Voir la conférence du professeur Salvatore Romano, intitulée : *Limiti dell' Azione dello stato nel publico e nel privato insegnamento*, publiée sous le patronage du marquis Pietro Ugo delle Favare, sénateur du royaume, et l'un des hommes de la Sicile les plus dévoués à la cause de l'enseignement populaire.

L'Université italienne embrasse l'ensemble des établissements scolaires de chaque degré, et le personnel qui en est la vie; mais elle règne avec une sérénité que troublent rarement les questions qui nous divisent.

L'État a bien réparti, selon des circonscriptions d'inégale étendue, un certain nombre de fonctionnaires dont la mission est de veiller à l'application des lois scolaires; il est à remarquer néanmoins que son action s'exerce toujours de haut et que la participation fréquemment renouvelée de l'inspecteur de l'État aux affaires de la cité serait vue « d'un mauvais œil ».

L'inspecteur communal *(Ispettore civiche)* est, en réalité, maître chez lui; il appartient au municipe, dont il tient ses pouvoirs.

Le caractère italien s'arrange de cette indépendance relative, et là où nous serions tentés de voir d'inquiétants symptômes de décentralisation, on considère que l'application du « *fara da se* » est, de ville à ville, une source d'émulation dont le pouvoir central n'a pas à s'émouvoir.

Les municipes ont la constitution qui sied à cette tâche. Le maire *(sindaco)* est bien secondé d'ordinaire par des assesseurs spéciaux qui se partagent chaque ordre d'enseignement.

De l'assesseur relève un chef de bureau, qui est, le plus souvent, le véritable directeur du service scolaire; c'est lui qui interprète les lois, imprime le mouvement pédagogique, fait les circulaires et poursuit leur exécution par l'intermédiaire de l'inspecteur.

Cette organisation peu compliquée permet d'aller vite en besogne; mais il faut remarquer que, si elle profite aux villes importantes, telles que Gênes, Rome, Naples, Palerme, les communes rurales, je ne dirai pas suburbaines, sont moins favorisées. Soumises au contrôle de l'inspecteur provincial dont les visites sont fort espacées par suite de l'immense étendue des ressorts d'inspection, les écoles rurales d'une grande partie de l'Italie méridionale notamment végètent, et les riches propriétaires calabrais, par exemple, se montreraient, m'a-t-on dit, peu disposés à améliorer un état de choses qu'ils jugent plus favorable à leur intérêt privé. Il faudra de longues années d'efforts pour faire pénétrer dans les masses ignorantes qui peuplent ces contrées désolées par la *mal'aria*, l'esprit de progrès que répandent les bienfaits du gouvernement italien.

V

L'école primaire en Italie ne s'élève pas sans contredit au-dessus de la moyenne de nos écoles, si j'en juge d'après un premier aperçu, et la force des élèves ne dépasserait pas, en général, après l'achèvement du cours, les limites de l'examen de notre certificat d'études.

L'effort principal de l'instituteur tendrait à assurer à chaque enfant la dose de connaissances strictement indispensable dans la situation modeste réservée à la majorité des élèves qui fréquentent les écoles primaires, de sorte que le pédagogue italien n'a pas rigoureusement pour objectif, comme nous le proposons en France, le cours complémentaire et, à plus forte raison, la transformation éventuelle du cours complémentaire en cours ou école supérieure.

Beaucoup d'Italiens, qui n'ont qu'une notion assez imparfaite de nos programmes d'enseignement, s'imaginent qu'en France l'école populaire est encore à créer parce qu'ils ne considèrent nos classes élémentaires que comme une introduction aux classes supérieures ou de premier degré.

Dans leur pensée, le développement de l'école primaire n'est pas chose essentiellement désirable et même pour prévenir le danger du déclassement, beaucoup de pédagogues se prononceraient contre toute modification des programmes tendant à donner aux enfants du peuple une culture intellectuelle que le régime scolaire actuel ne comporterait pas.

En thèse générale on s'en tient donc à l'*école*.

Les cours du soir ne reçoivent guère que les jeunes gens en apprentissage, ceux dont la vocation s'est accusée ou sur laquelle la profession paternelle a exercé souvent une action prépondérante (1).

---

(1) Les écoles techniques sont des établissements à part et destinés aux différents corps d'état. Le gouvernement italien en apprécie justement l'importance et l'initiative privée ne lui a pas ménagé son concours. Les cours ont lieu soit le jour soit le soir selon les localités.

Il faut néanmoins se garder de conclure que les sujets d'élite ne sortent pas du rang, l'Italie fournirait trop d'exemples du contraire ; ce qu'il y a lieu de retenir seulement, c'est que les maîtres italiens sont moins enclins que d'autres à voir de petits génies dans de simples élèves « qui promettent » et à se faire un mérite de les pousser en dehors de la sphère où la destinée les a fait naître.

Les cours complémentaires ou supérieurs, qu'on rencontre çà et là, n'ont, en conséquence, rien de professionnel et ne sont nullement non plus une préparation à des emplois déterminés. L'enfant qui les a suivis sait plus et mieux, mais le supplément d'instruction qu'il a reçu ne le porte pas à se détourner de sa voie ; il n'a pas de nouvelles aptitudes ; il a simplement une aptitude plus grande pour sa profession future parce qu'il a une intelligence plus ouverte, un esprit plus cultivé.

Le programme des classes élémentaires paraît peu chargé : le programme des écoles communales de la ville de Rome, entre autres, divisé en sections de deux mois, comprend, pour la classe inférieure, quelques notions d'instruction religieuse ; la lecture dans le syllabaire avec quelques explications sur la famille, l'école, la durée du temps, les plantes, les animaux domestiques, etc. — L'écriture, dont les exercices sont mis en harmonie avec la lecture. — L'arithmétique (numération orale, numération écrite, addition et soustraction orale — de 10 à 100). — Des exercices de mémoire (poésies courtes et faciles, appropriées à l'intelligence des enfants). — La gymnastique (exercices préliminaires) — aux bancs et hors les bancs.

Tel est le point de départ.

Le programme de la quatrième classe (j'omets les classes intermédiaires) réalise l'ensemble des études complètes, auxquelles on arrive progressivement, savoir : L'enseignement religieux ; — la lecture (notions diverses, la géographie élémentaire et les faits les plus importants *(piu notevoli)* de l'histoire nationale); — des exercices de composition (lettres, dialogues, narrations, descriptions, explications de proverbes, sujets usuels et applicables aux usages de la vie); — la grammaire ; — l'arithmétique, le système métrique et la tenue des livres ; — la calligraphie (méthode anglaise); — le dessin géométrique et les principes

du dessin ornemental; — la gymnastique [exercices en classe
et hors la classe, exercice au gymnase.(1)]. :

Les livres suivis dans chaque école ne sont pas laissés au
choix des maîtres; la liste en est soigneusement arrêtée par
l'autorité, et ne comprend que des ouvrages de choix :

L'Histoire sainte de Farini et Parato. — Le catéchisme du dio-
cèse et l'Abrégé de la Doctrine chrétienne de Bellarmino. — Le
syllabaire d'Inverardi. — Le Cours d'écriture du même auteur. —
Les ouvrages de Giannetto pour la Lecture (biographies, etc). —
Les exercices de grammaire du professeur Piazza. — Le Compen-
dium métrique du professeur G. Borgogno. — La méthode Ange-
lini pour la calligraphie, etc., etc. — Le manuel de gymnastique
de Borgna. — Lerecueil de chants d'école de G. Basso.

Le choix des livres varie du reste dans les provinces d'après
les préférences des municipalités qui n'oublient jamais de clore
la liste officielle par la mention : « *Non sono tollerati altri libri
oltre a quelli notati nel presente elenco.* » Un système aussi
exclusif a lieu d'étonner dans un pays qui, sous tant d'autres
rapports, ne saurait être taxé d'intolérance (2).

VI

Le grand mouvement de rénovation scolaire qui a entraîné
l'Italie l'a obligée d'aller au plus pressé. Aussi la situation
matérielle des écoles n'a-t-elle, en général, rien qui séduise. Les
administrations ont installé les écoles comme elles ont pu. La
province de Gênes elle-même, qui consacre annuellement des
sommes si considérables à l'instruction, a plus approprié que

---

(1) Voir aux pièces annexes les 4 tableaux intitulés : S. P. Q. R. Scuole
elementari maschili diurne. Libri di testo e programmi. — Anno scolastico
1882-1883 et le « Regolamento per le scuole elementari approvato del Consiglio provinciale scolastico (municipio di Palermo). — Les « Programmi
particolareggiati per scuole elementari diurne maschili e femminili del
municipio di Catania. »

(2) Un décret du ministre Coppino, en date du 31 juillet 1884, a ouvert deux
concours, l'un pour la préparation d'un livre de première lecture à l'usage
des écoles élémentaires urbaines et l'autre destiné aux écoles élémentaires
rurales. Une assemblée de cinq membres désignés par le ministre, jugera
le résultat et attribuera les prix de 6,000 et 3,000 francs destinés aux lau-
réats. — C'est une excellente innovation.

construit, évitant de la sorte des expropriations que la configuration du sol, à la ville notamment, eût rendues trop onéreuses (1). Des espaces resserrés au milieu de quartiers populeux ont été couverts de constructions de forme circulaire, à deux étages, ayant une école de garçons au rez-de-chaussée, une école de filles au-dessus, chacune de dix ou douze classes, avec préau central pour les exercices de gymnastique et les récréations.

Au centre même de Rome, on a établi des écoles dans de véritables maisons ouvrières, dont certaines pièces ne dépassent pas vingt mètres carrés, sans cour ni dépendances.

A Naples, au contraire, et en Sicile, la dissolution des congrégations a permis de disposer d'édifices plus spacieux dont les municipes ont su tirer parti ; ce sont assurément les plus belles écoles du pays ; mais la nombreuse population qui se presse sur leurs bancs ne serait encore, m'assure-t-on, qu'une fraction minime de la totalité des enfants à instruire qui attendent de longs mois que leur rang d'inscription leur ouvre les portes de l'école (2).

---

(1) Les dépenses prévues au budget de la ville de Gênes pour l'instruction publique, en 1884, se résument ainsi :

Dépenses obligatoires ordinaires. . . . . L.   819.680
Dépenses obligatoires extraordinaires. 21.400
Dépenses facultatives.   181.020
                                                        L. 1.022.100

Voir pour le détail « *La pubblica Istruzione in Genova, relazione dell' asessore delegato, aprile 1884.* (Pièces annexes)

(2) Parmi les établissements nouvellement édifiés, il importe de ne pas omettre toutefois l' « *Asilo Ruggiero Settimo* » placé sous le patronage du « *Comitato per gli asili infantili* » de Palerme, mais soutenu par la municipalité. L'école communale de garçons du Schiavrizzo, à Palerme, est installée dans un ancien couvent des Sœurs franciscaines et compte huit classes fréquentées par 500 élèves environ. — L'asile Garibaldi occupe l'ancienne maison des Jésuites de la même ville (180 enfants des deux sexes). L'école de filles du « Salvatore » était un ancien couvent de religieuses bénédictines (9 classes). Enfin, c'est dans le collège des Jésuites de Palerme que se trouve aujourd'hui le lycée gymnasial, la bibliothèque nationale, l'école technique communale du soir pour les ouvriers, une école élémentaire et le collège de l'Etat (R Convitto Vittorio Emmanuele).
Il faudrait se garder de penser que les institutions appartenant précédemment aux jésuites fussent d'ailleurs, sauf la catégorie des maîtres, l'équivalent, sous le rapport de l'enseignement populaire, des écoles nouvelles : « Un trait permanent et caractéristique de la pédagogie des jésuites, dit jus-

Les bons types de constructions scolaires sont, en somme, assez rares et plus d'un de nos hygiénistes y trouverait à redire si l'on n'avait égard à des conditions climatériques toutes particulières et aux précautions d'un personnel enseignant dont la sollicitude est toujours en éveil.

Les écoles rurales de construction récente se distinguent par une extrême simplicité ; les murs sont intérieurement blanchis à la chaux, sans sculptures, percés de larges fenêtres entre lesquelles on a ménagé des panneaux où les cartes de géographie seraient à l'aise. On a songé à l'avenir, sans contredit.

Le matériel classique se perfectionne ; peu à peu, en maints endroits, on utilise encore des mobiliers que nous mettrions maintenant au rebut, à l'exception de quelques villes qui ont été assez riches pour adopter les modèles offerts par les Musées pédagogiques. Les tables à deux places, les belles cartes murales, les compendiums métriques, les collections dont nos écoles de France sont fières à bon droit, ne sont, en Italie, que le partage de quelques établissements privilégiés. Personne ne le conteste au delà des Alpes.

Il ne serait donc pas généreux à nous d'insister davantage sur les progrès à réaliser ; il n'est qu'équitable, au contraire, de montrer combien les hommes d'élite qui sont à la tête du service des écoles italiennes se sont pénétrés de l'esprit de la pédagogie moderne ; aucun d'entre eux n'ignore les œuvres d'Herbert-Spencer, de Compayré, de Legouvé, etc. Les noms et les ouvrages de nos maîtres respectés leur sont familiers ; tous ou presque tous savent payer de leur personne dans les conférences populaires.

Les spécimens de leurs travaux qui accompagnent ce rapport justifient d'études approfondies des questions pédagogiques d'un haut intérêt (1).

---

tement M. Compayré (*Histoire de la Pédagogie*, page 115), c'est que, durant tout le cours de leur histoire, ils ont, de parti pris, négligé et dédaigné l'instruction primaire. La terre est couverte de leurs collèges latins ; partout où ils l'ont pu, ils ont mis la main sur les universités d'enseignement supérieur. Mais, en aucun endroit, ils n'ont fondé d'école primaire. Les jésuites ne désirent pas et n'aiment pas l'instruction du peuple. Ils se défient de l'esprit humain et ne poursuivent que l'éducation aristocratique des classes dirigeantes, qu'ils espèrent d'ailleurs diriger eux-mêmes... »

(1) Ouvrages à voir :

VII

Jusqu'à ces derniers temps, les enfants du premier âge restaient en dehors des institutions patronnées par le ministère de l'instruction publique. La salle d'asile était considérée comme une sorte d'établissement de bienfaisance ressortissant au Ministère de l'Intérieur quand elle n'était pas une œuvre de charité privée, entretenue par des libéralités particulières ou subventionnée par les communes.

On en rencontre, malgré tout, où les enfants reçoivent les soins que réclame leur âge et dont les directrices témoignent d'une sollicitude véritablement édifiante.

Les asiles du nord de l'Italie jouissent également d'une réputation méritée (1) ; mais le nombre en est malheureusement très insuffisant à une certaine distance des grandes villes ; cette lacune est plus considérable dans les provinces déshéritées du centre, elle s'accentue singulièrement dans les Calabres.

La Sicile est plus favorisée : l'asile Garibaldi, à Palerme, que tient Mlle Amorosa, est un des plus beaux établissements de ce genre que l'on puisse citer ; il compte 160 enfants confortablement soignés dans un ancien couvent de jésuites dont les belles cours plantées d'orangers offrent le plus riant aspect (2)... A peu de distance de là, l'asile Ruggiero Settimo, de création moderne,

---

L'Igiene nelle scuole primarie municipali di Genova, dell assessore delegato G. Falcone.

Azione della storia sulle idee, sulle opinioni e sul carattere, del prof. Innocenti Ghini, 1884.

L'ordinamento della scuola popolare in diversi paesi, del prof. Labriola.

Saggio d'un Dizionario pedagogico del Santi-Giuffrida, professore della scuola normale et capo ispettore della scuole municipali di Catania.

La questione sociale e l'educazione, du même auteur.

Archivio di Pedagogia et Scienze sociali del Latino de Natali e de Dominicis.

I limiti dell'azione dello Stato nel pubblico et nel privato insegnamento, del prof. Salvatore Romano, etc., etc.

(1) On ne saurait oublier à ce sujet les envois qui figurèrent avec honneur à l'Exposition universelle de 1878 (section italienne : Instruction publique).

(2) L'inscription qu'on lit à l'entrée de la maison « Pace a questa casa » ne saurait être mieux choisie.

est dirigé avec un réel talent par Mlle Fumagalli; on y suit la méthode Frœbel sans innovation.

L'asile Bruno installé à Catane, non loin des ruines du théâtre grec, est une des institutions les plus utiles à propager dans les quartiers populeux; un comité de dames patronnesses y a assuré des distributions de soupes et d'aliments chauds, et la directrice, Mlle Bruno, a montré combien le dévouement pouvait suppléer à une préparation pédagogique peut-être un peu rudimentaire (1).

L'opinion a donc, sur ce terrain, devancé l'initiative administrative; mais le gouvernement italien a décidé que dorénavant la plupart des projets de construction d'école comprendront une salle d'asile ou une classe enfantine qui aura beaucoup d'analogie avec le type français dont on s'est inspiré.

On verra disparaître ainsi progressivement ces asiles–écoles composés de quatre à cinq classes, qui sont moins une préparation à l'école qu'une école même, où l'on donne trop souvent une instruction prématurée. L'administration y mettra l'ordre et la progression qu'il convient et réalisera ainsi l'école enfantine qui, cessant d'être une institution charitable relevant de l'Intérieur, recevra du ministère de l'Instruction publique la haute impulsion donnée aux créations nouvelles.

Le nombre des enfants que l'école élémentaire prend à l'asile est relativement peu élevé si l'on considère le chiffre de la population scolaire de la Péninsule. On ne saurait prétendre, par conséquent, que les habitudes d'ordre et de discipline contractées à l'asile aient beaucoup contribué à l'amélioration du régime des classes proprement dites.

On est d'autant plus édifié de la parfaite tenue des écoles primaires du midi de l'Italie même, où la marche des exercices paraît être bien rarement entravée par des actes d'insubordination qu'expliqueraient pourtant une première éducation parfois très négligée et le tempérament méridional. C'est

---

(1) Les registres qu'on présente à la signature des visiteurs renferment les mentions les plus honorables pour Mlle Bruno et montrent que les personnages les plus titrés de la Sicile et de l'Italie n'ont pas dédaigné de témoigner à une directrice laïque de salle d'asile toute leur satisfaction pour l'œuvre de charité qu'elle accomplit.

que, dans l'espèce, au respect du chef dont la présence en impose toujours beaucoup s'ajoute un sentiment profondément gravé au cœur de l'enfant italien, l'*amour-propre*, sentiment que l'arrivée de l'étranger exalte encore davantage et qui se traduit par la *buona figura*, selon la pittoresque expression d'un maître qui me servait de guide (1).

VIII

Les écoles normales italiennes étaient, d'après les dernières statistiques, au nombre de 111, tant publiques que privées, et recevaient 8,221 élèves (soit 1,319 garçons et 6,912 filles).

Les documents officiels établissent qu'il ne manquerait plus que 337 maîtres pour assurer l'exécution de la loi sur l'instruction obligatoire, étant admis que les communes fussent toutes en état de fournir des locaux appropriés; or, sur une population totale de 28,459,628 habitants répartis dans 8,259 communes, 27,366,188 habitants pourraient avoir des moyens d'instruction suffisants et 1,093,440 seraient privés de toute école (2). D'autre part, il resterait 270 communes où l'obligation n'aurait pas été rendue effective. Il ne faut pas perdre de vue que les statistiques auxquelles ces renseignements sont empruntés révèlent un sérieux progrès dans l'application de la loi italienne du 15 juillet 1877.

Je ne m'arrêterai pas, Monsieur le Ministre, à la valeur des normaliens d'Italie; j'ai vu à l'œuvre des sujets qui feront certainement honneur aux écoles de ce pays et aux maîtres qui les ont formés. Toutefois l'éminent directeur général des écoles de Rome, M. Pignetti, estime qu'il y a encore à faire pour

---

(1) L'école de garçons de la via del Corso à Rome, l'école Viccio à Palerme l'école de garçons dirigée à Catane par M. Nicolosi, l'école de filles de la même ville confiée à Mlle Privitera témoignent d'une direction pédagogique intelligente.

(2) Ces renseignements sont extraits de la statistique de l'instruction élémentaire publiée par le ministère de l'Agriculture, de l'Industrie et du Commerce d'Italie (Direction générale de la statistique. Rome 1884 typographie de la Chambre des députés). Il convient de remarquer qu'ils ne se rapportent qu'à l'année 1881-1882. C'est le document officiel de la date la plus récente. (Voir aux pièces annexes.)

améliorer le recrutement des instituteurs. La ville de Rome emprunte ses meilleurs maîtres à l'École normale de Velletri, et les vides qu'elle y fait chaque année sont difficilement comblés par les nouvelles recrues. C'est une situation délicate bien connue des administrateurs romains et que de nouveaux et persévérants efforts modifieront (1). Par contre, l'école normale de filles, dont le siège est à Rome même, serait de beaucoup supérieure à celle de Velletri qui est spéciale aux maîtres et contribuerait largement à la notoriété dont jouissent ici les établissements réservés aux jeunes filles.

IX

Un recueil de documents très précieux, publié en 1881, par l'administration centrale du ministère de l'instruction publique en

---

(1) La ville de Rome possède 13 écoles élémentaires de garçons et 20 écoles de filles sans compter 4 écoles enfantines, 9 écoles suburbaines de garçons et de filles, 12 écoles rurales, 1 école élémentaire pour les enfants des gardes municipaux et plusieurs écoles du soir (dessin, classes préparatoires, professionnelles, etc.). La plupart des écoles comprennent de 4 à 8 classes avec des directeurs chargés ou non chargés de classe.

« La création d'une capitale moderne, dit la *Revue générale d'administration* (p. 478) et le transfèrement de Florence à Rome du Gouvernement italien, ont créé à cette dernière ville une situation financière difficile. Il a fallu organiser de nouveaux services, adapter à de nouveaux usages d'anciens édifices, assainir autant que possible une ville renommée pour son insalubrité. Telles sont quelques-unes des difficultés contre lesquelles on a eu à lutter pendant ces dernières années d'édilité romaine. »

On ne s'étonnera donc pas que le budget municipal ait été en déficit. Le budget de 1879 présentait un écart de 4,251,476 francs entre les dépenses et les recettes, le découvert fut réduit à 1,103,034 francs en 1880, à 890,650 en 1881, à 586,447 en 1882; il n'a été que de 441,582 francs en 1883, et le budget de prévision pour 1884 permettait d'espérer que tout déficit serait écarté dans l'exercice suivant. Les prévisions étaient ainsi établies :

Recettes ordinaires.	Fr.	19.887.894 79
Recettes extraordinaires.		2.941.000 »
Reliquats actifs.		60.583 03
Total	Fr.	22.889.477 82
Dépenses ordinaires obligatoires.	Fr.	19.181.422 66
Dépenses ordinaires facultatives.		1.913.895 62
Dépenses extraordinaires obligatoires.		924.359 54
Dépenses extraordinaires facultatives.		869.800 »
Total	Fr.	22.889.477 82

France sur les écoles normales primaires à l'étranger contient, en ce qui se rapporte à l'Italie, les indications suivantes :

Les écoles normales italiennes, tant d'instituteurs que d'institutrices, comprennent trois cours successifs, de la durée d'une année chacun. Il existe, en outre, des classes préparatoires aux écoles normales d'institutrices, divisées en deux sections, inférieure et supérieure (1).

Un décret royal du 30 septembre 1880, rendu sur la proposition du ministre De Sanctis, a mis en vigueur de nouveaux programmes, pour les classes préparatoires, d'une part, et pour les écoles normales de l'autre.

Les branches d'enseignement dans ces classes sont les suivantes :

(Classes préparatoires aux écoles normales d'institutrices.)

Section inférieure.

	heures
Langue italienne, par semaine.	10
Histoire et géographie	3
Arithmétique pratique et système métrique décimal .	4 1/2
Calligraphie	3
Gymnastique.	2
Travaux à l'aiguille.	4 1/2
Total . . .	27

Section supérieure.

	heures
Langue italienne, par semaine.	9
Histoire et géographie	3
Arithmétique pratique et système métrique décimal .	3
Calligraphie.	3

---

(1) Cette innovation a permis d'alléger notablement le programme des écoles normales ; le nombre des heures de leçon, par semaine, est maintenant de 25 dans les deux années de cours préparatoires, et de 28 dans les trois années de l'école normale. L'enseignement de la pédagogie précédemment réservé pour les deux dernières années de l'école normale, commence désormais la première année.

	heures
Gymnastique.	2
Dessin.	3
Chant.	2
Travaux à l'aiguille	3

Les programmes des écoles normales d'instituteurs et des écoles normales d'institutrices sont identiques.

Les diverses branches d'enseignement obligatoires se répartissent ainsi qu'il suit entre les trois années d'étude :

	Nombre d'heures par semaine.		
	1er cours	2e cours	3e cours
Notions sur les droits et les devoirs. .	2	1	1
Langue et littérature italienne	6	6	4 1/2
Histoire et géographie	3	3	3
Pédagogie.	»	3	3
Leçons dans l'école modèle.	»	1 1/2	1 1/2
Séances à l'école modèle	1 1/2	3	7 1/2
Arithmétique, comptabilité et géométrie.	4 1/2	3	1 1/2
Histoire naturelle, notions de physique chimie et hygiène.	1 1/2	1 1/2	3
Dessin	4 1/2	3	3
Calligraphie.	3	3	»
Gymnastique	2	2	1
Chant	2	2	1
Agronomie pratique (école de garçons).	3	2	2
Travaux à l'aiguille (école de filles). .	3	2	2
TOTAUX. . . .	33	33	33

X

Les notes contenues dans la brochure publiée par le ministère : *Les écoles normales à l'étranger* me laissent peu de chose à ajouter, sinon que les Italiens ont su faire entrer dans la pratique les hautes directions qui leur sont données. — Le règlement n'est par conséquent pas resté, lettre morte.

Il peut être bon de rappeler à ce sujet les instructions dont l'enseignement des droits et devoirs (*Diritti e Doveri*) ont été l'objet; c'est une des matières les plus délicates à enseigner en deçà comme au delà des Alpes; je me bornerai seulement à les reproduire, sans pénétrer plus avant dans les autres parties des programmes qui ne diffèrent pas assez d'ailleurs de ceux que nous connaissons pour donner lieu à des observations spéciales :

« L'enseignement de droits et devoirs comprend deux parties : l'une, théorique, envisage l'homme en soi et dans ses rapports généraux avec la société; l'autre, pratique, considère le citoyen dans ses rapports avec l'État. — Il est évident que les notions principales du droit naturel doivent précéder les notions du droit positif, tant civil que politique, qui en dérivent. Toutefois, pour ne pas fausser d'autre part l'esprit et le but de l'enseignement, le professeur traitera cette partie très rapidement, en évitant de s'égarer dans des recherches érudites et subtiles, de soulever des questions douteuses et relativement insolubles, de fournir un appui inattendu à des théories antisociales ou dangereuses, et d'affecter dans son exposé des formes trop scientifiques.

Il devra se restreindre aux choses fondamentales, admises par le sens commun et d'une application féconde et immédiate ; il donnera la préférence à la méthode socratique, éveillant chez les élèves, au moyen de questions, de raisonnements et de conclusions, la connaissance de la vérité, et n'adoptant la forme doctrinale et expositive que pour les résumés, mais toujours d'une manière simple et familière.

» Passant à la partie positive et pratique, le professeur ne saurait trop insister sur ce point, que les idées du droit et du devoir peuvent se séparer dans la théorie abstraite, mais qu'il n'en est pas ainsi dans la pratique, car, surtout dans un État libre, l'exercice du « droit » est un « devoir »; qu'une plus large mesure de droits suppose nécessairement une plus large mesure de devoirs, de manière que vouloir jouir des premiers et se soustraire aux seconds serait inique et absurde; que le violateur des lois, même s'il demeure inconnu et impuni, offense la patrie d'une manière bien plus dangereuse et plus coupable que l'ennemi qui la combat à visage découvert.

» Le maître n'oubliera pas que la partie morale doit marcher du même pas que la partie positive, afin que l'instruction soit éducation; il importerait bien peu en effet qu'un individu sût quel est le nombre de votes nécessaires à la validité d'une élection ou d'une sentence, s'il ne comprend pas la valeur de l'acte dont il s'agit et ne possède pas les lumières et l'incorruptibilité nécessaires à l'électeur et au juré. La lecture du statut, accompagnée d'une explication détaillée, fournira au professeur l'occasion de revenir sur les principes généraux, d'y chercher des exemples ou de leur donner une confirmation.

» L'enseignement comprendra comme chapitres principaux, les points suivants : 1° l'homme, la famille, la société ; — 2° nécessité de la société, conditions de son existence ; — 3° le pouvoir ; — 4° forme de gouvernement ; — 5° droits naturels et civils qui appartiennent à tous les hommes ; — 6° le statut du royaume d'Italie ; — 7° droits politiques des citoyens italiens ; — 8° devoirs généraux et spéciaux du citoyen italien.

» On recommande l'emploi de l'ouvrage couronné du docteur Pietro Castiglione : « *De la Monarchie parlementaire et des droits et des devoirs du citoyen selon le statut, 1859.* »

Avertissement général : « Le professeur distribuera les matières dans l'ordre qu'il jugera le plus convenable, de façon toutefois qu'à la fin du second cours, il ait passé en revue le programme tout entier, et que dans le troisième cours les élèves étudient plus spécialement la partie relative au statut du royaume. En traitant chacun des chapitres, il n'oubliera pas que le but de cet enseignement est de développer et de fortifier le sentiment religieux et moral. »

On se tromperait gravement en tirant de ce qui précède, cette conclusion qu'en Italie, à Rome surtout, on prend soin de conserver aux écoles un caractère confessionnel qu'expliquerait d'ailleurs le régime auquel y ont été si longtemps soumis les établissements scolaires de tout ordre.

« Dans le cours des leçons ordinaires, dit une circulaire dont

M. Pignetti est l'auteur (1) (2 octobre 1878) auxquelles assistent avec les catholiques les israélites, les non-catholiques et tous les élèves dont les parents n'ont pas réclamé l'instruction religieuse, les maîtres auront non seulement la faculté, mais le devoir de parler avec franchise à leurs élèves de ces vérités religieuses fondamentales sur lesquelles tous les peuples civilisés sont d'accord ; mais ils devront s'abstenir des spécifications et distinctions dogmatiques qui risqueraient de heurter telle ou telle croyance, en considérant que l'école peut bien concourir pour une part à l'éducation religieuse, mais que le soin principal de cette éducation regarde la famille et le prêtre de chaque confession. »

M. Pignetti a excellemment résumé en ces quelques mots la ligne de conduite à observer par les maîtres italiens tant dans les écoles normales que dans les écoles élémentaires et je n'ai pas appris qu'il en soit résulté aucun froissement.

XI

Le jugement porté avec une si haute compétence par l'honorable M. Pécaut sur les Écoles normales de Naples serait trop conforme à l'impression que j'ai rapportée de ma visite à ces deux établissements pour en nécessiter une nouvelle étude. La situation n'a pas sensiblement changé du reste depuis trois ans ; j'ai vu là le même groupe de personnes distinguées travaillant à la tâche commune avec une égale ardeur et un même désir de bien faire. — J'ai eu surtout la bonne fortune d'assister, sans être attendu, à une leçon de pédagogie du savant professeur Antonio Pasquale, qui, cinq quarts d'heure durant, n'a pas cessé de tenir sous le charme d'une élocution élégante et facile une quarantaine de jeunes normaliennes.

M. Antonio Pasquale a été longtemps le directeur et le rédacteur principal d'une des meilleures publications pédagogiques d'Italie : *L'Avenir des écoles*, qui n'existe plus aujourd'hui.

Je ne saurais également passer sous silence une très ingénieuse leçon de choses faite aux enfants de la première division élémen-

---

(1) Un extrait de cette circulaire a été reproduit dans le livre de M. Pécaut : *Deux mois de mission en Italie.*

taire de l'école modèle par une des bonnes élèves-maîtresses
de troisième année, Mlle Olifigge (1).

Ce qui m'a paru digne de remarque, c'est surtout la vie
qu'une jeune fille intelligente sait donner ici à ces exercices
de pédagogie pratique, c'est la variété des moyens qu'elle met en
œuvre pour appeler successivement, à l'improviste, chaque élève
du cours élémentaire à prendre part à la leçon, soit verbale-
ment quand la question s'y prête, soit au tableau s'il s'agit d'un
développement à reproduire d'après un résumé écrit.

Un point à noter à ce propos : chaque explication porte alors
sur un objet que l'élève-maîtresse fait circuler de main en main
toutes les fois que cela est possible, et qui appartient à une
collection spéciale formée d'ordinaire par une élève de l'école
dont le nom reste inscrit sur le coffret qui la renferme; par
exemple : « *Storia del ligno per sign. Ferrara Clementino,
1882.* » « *Collezione metallica per Clorinda Ricciardi.* » « *Lana
per sign. Guglielmoti* », etc., etc.

L'enseignement dans les écoles normales de garçons et de
filles est presque toujours confié à des hommes. Une maîtresse
assiste aux leçons données aux jeunes filles. A Naples, les classes
préparatoires seulement sont dirigées par des institutrices;
à Gênes et à Cozensa l'enseignement est mixte.

Les écoles normales de Naples possèdent une chronique (2)
fort instructive qui a été publiée en 1880 à l'occasion de l'Exposition didactique de Rome et qui ne laisse rien à désirer sur
qu'il importerait de connaître quant à l'historique des établissements, la distribution des programmes, les règlements intérieurs,
les examens et le matériel scolaire (2). Elle est aux pièces annexées
à ce rapport et bonne à consulter. — J'ai encore à signaler
comme une heureuse innovation l'usage du « *Diario* », sorte

---

(1) On avait choisi pour sujet de la leçon « la laine » les objets nécessaires
à la leçon étaient empruntés aux collections de l'École qu'on réorganisait alors
mais dont la variété se prêtait infiniment aux leçons quotidiennes destinées
à former les élèves-maîtresses à la pratique de l'enseignement.

(2) L'administration de l'instruction publique, à Paris, avait commencé,
il y a quelques années, la réunion des divers documents nécessaires (avec
plans) pour faire l'historique de toutes les anciennes écoles normales de
France; nous ne pensons pas que cet intéressant travail, dû entièrement à la
collaboration des directeurs d'écoles normales, ait été publié.

de cahier-journal, sur lequel chaque élève consigne ses impressions. Le maître voit, de temps en temps, le « *Diario* » et ce contrôle suffit, m'a-t-on assuré, pour lui conserver le caractère sérieux qui s'attache à un travail personnel mûrement réfléchi.

Bien que l'étude des écoles professionnelles ou techniques fût en dehors de la mission qui m'était donnée, je n'ai pu résister au désir de voir, en passant, les types les plus remarquables qui se trouvaient sur ma route depuis l'École Galliera de Gênes, jusqu'à l'*Albergo dei Poveri* et les « *Opera Casanova* » à Naples.

« Ce sont, me disait en parlant des *Opéra Casanova*, l'un des principaux fonctionnaires de l'instruction publique à Rome, des spécimens extrêmement intéressants, sans doute, mais ce sont des spécimens seulement de ce qu'on pourrait faire pour les classes populaires si les ressources budgétaires de l'État s'y prêtaient. A Naples, pour ne citer que cette seule ville, il ne faudrait pas moins de quinze maisons analogues à l'institut Casanova pour répondre aux plus pressants besoins. »

Cependant ces exemples vivants dont l'Italie s'honore à bon droit, et ils ne seront pas perdus, tout le fait espérer, le jour où les pouvoirs publics seront dans une situation qui leur permettrait de les généraliser.

Peut-être ne trouverions-nous en France à comparer aux Opera Casanova que l'école Lamartinière de Lyon et l'établissement d'enseignement technique fondé à Nantes par l'honorable M. Livet (1).

XII

J'étais à Rome au moment où fut tranchée contre les prétentions du Saint-Siège la question des biens de la Propagande. Des journaux de la ville, qui ont des rédacteurs français dévoués au Vatican, faisaient grand bruit de cette affaire; mais il fallait bien reconnaître que leurs doléances, reproduites par une cer-

---

(1) Voir le livre de M. Pécaut (*Deux mois de mission en Italie*) et les nombreuses pièces annexes qui m'ont été remises par M. le Cav. Caterini dont l'extrême obligeance m'a permis de me rendre compte des détails d'organisation d'une institution qui, à elle seule, pourrait faire l'objet d'un volumineux rapport.

taine fraction de la presse française, ne trouvaient pas d'écho parmi les paisibles et indifférentes populations italiennes. C'est qu'en ce pays on se garde de confondre ce qui est du domaine de la politique avec ce qui ressortit à la religion, et les mesures fiscales légalement appliquées à un établissement ecclésiastique laissent absolument froids tous ceux qui ne se sentent pas directement atteints dans leurs intérêts : aussi peut-on espérer que l'antagonisme qui naît si souvent, chez nous, dans les localités où un ordre d'enseignement a été substitué à un autre, ne créera jamais chez nos voisins de ces rivalités ardentes dont nous sommes parfois les témoins attristés.

L'esprit italien admet des tempéraments qui l'aident puissamment à résoudre les questions ardues, et il a même trouvé un mot pour caractériser la situation.

J'ai dit ailleurs que les plus belles écoles de Palerme, précédemment occupées par les Jésuites, étaient confiées à des laïques et libéralement ouvertes aux enfants du peuple. J'étais tenté de supposer que c'était de haute lutte qu'on avait pu obtenir un semblable résultat. — « Nullement, me répondit-on ; le décret du prodictateur a été rendu exécutoire (1) ; quelques indemnités ont facilité la transformation, et tout a été dit : *Accommodazzione ! »*

Le directeur d'une importante école de la même ville m'accompagnait dans ma visite ; tous les maîtres étaient laïques, — moins un, qui portait l'habit ecclésiastique. C'était peut-être le maître chargé de l'enseignement religieux ? En aucune façon. On m'apprend qu'il a concouru pour obtenir son emploi, qu'il enseigne au même titre que ses collègues laïques et obéit aux mêmes règles ; l'autorité ecclésiastique ne s'en émouvait pas plus que le pouvoir séculier : *Accommodazzione !*

Aux termes de la loi italienne, le service militaire est obligatoire pour tous ; les séminaristes eux-mêmes y sont soumis. Les dispenses *de fait* sont bien nombreuses, il est vrai, me dit-on, mais le principe est respecté ; il y a, en effet, des séminaristes sous les drapeaux : *Accommodazzione !*

La famille royale avait été frappée, comme on sait, d'excom-

---

(1) Décret du 17 octobre 1860.

munication. Le fils du roi atteignait, il y a quelques années, l'âge où il devait recevoir le sacrement. Le Saint-Père envoya un de ses archevêques à la résidence royale, et la cérémonie se fit discrètement et sans tapage : *Accommodazzione!*

Quelques-uns pensent qu'il n'y a pas à craindre que les associations congréganistes dissoutes se reconstituent (1), et s'imaginent même qu'elles se laissent, peu à peu et à leur insu, pénétrer par les idées du jour ; d'autres affirment, au contraire, que leurs membres épars se tiennent sur une prudente réserve, prêts à se réunir à nouveau si les circonsances étaient favorables, mais satisfaits, en attendant, de toucher l'indemnité, en somme fort onéreuse pour le trésor, que l'État paie à chacun d'eux.

Chacun en prendra son parti : je crois voir encore les moines siciliens mendiant à bord des navires qui entraient dans le port de Messine et souhaitant le *Buono Carneovale* à ceux qui laissaient tomber une pièce dans leur escarcelle. Les vicissitudes du sort n'avaient pas diminué leur gaieté. La population ne se montrait pas hostile à ces vieux religieux (il y en a de jeunes aussi), flânant sur les portes des fruiteries, se tenant curieusement au courant de la chronique locale, et rappelant les traditions d'un autre âge.

Il en est, dans le nord de l'Italie notamment, qui, à ces divers moyens d'existence, ajoutent la rémunération de services rendus, extraction de dents à bas prix, vente de « simples » destinés à guérir les affections peu graves, etc.

Tout cela est très inoffensif en apparence. Le clergé italien plus circonspect que le nôtre, quelques-uns osent dire plus patriote, n'a pas fait campagne contre la laïcité et l'obligation de l'enseignement primaire. Il s'est contenté du maintien, en principe, de l'instruction religieuse dans les écoles, et, de fait, il est peu de villes qui aient encouragé les instituteurs laïques à enfreindre, à cet égard, les prescriptions légales (2).

---

(1) Je dois la plupart des renseignements relatifs aux congrégations à M. le député Corleo, l'éminent rapporteur de la loi du 7 juillet 1866, l'un des hommes d'Italie le mieux au courant des questions de ce genre.

(2) La ville de Gênes avait supprimé l'enseignement religieux dans ses écoles ; le conseil d'État, saisi de la question, l'a tranchée en faveur du rétablissement.

Même sur ce point, le clergé se montre, en réalité, peu exigeant : les heures d'instruction religieuse à l'école sont réduites à un minimum, une demi-heure par semaine, une heure au plus.

La conciliation est une force avec laquelle on compte : d'un bout à l'autre de l'Italie, on a vu les représentants les plus autorisés du régime déchu voter, dans les assemblées publiques, les subventions proposées pour l'érection du monument du comte de Cavour et pour les frais des funérailles de Garibaldi.

Le souverain pontife venait de lancer une encyclique où les institutions universitaires n'étaient guère ménagées. « Les encycliques, m'expliquait un homme politique mêlé aux choses de l'enseignement, passent la frontière; elles ne nous effleurent pas! » — Autres pays, autres mœurs!

Telles sont, Monsieur le Ministre, les impressions qui me sont restées de mon excursion à travers les écoles italiennes.

Grâce à l'obligeant concours d'hommes d'un grand mérite auxquels vous avez daigné accorder, sur ma proposition, des témoignages de votre haute estime, j'ai assisté aux efforts d'une population qui, par des moyens divers, poursuit un but identique au nôtre et dont l'œuvre considérable déjà, à beaucoup de points de vue, s'agrandit et se consolide chaque jour, à force d'initiative et de persévérance.

Si la modeste mission qui m'était donnée m'autorisait à considérer d'un peu plus haut encore la situation, je terminerais ces notes par les lignes suivantes empruntées à l'un de nos écrivains universitaires qui a le plus et le mieux étudié les évolutions dont les institutions d'Italie ont été l'objet (1) :

« Que le passé, a-t-il écrit, soit une leçon pour l'avenir. Malgré bien des exagérations et des fautes, l'Italie a le droit de se rappeler avec orgueil ses dernières convulsions, et l'Europe y puisera cette conviction que la cause italienne mérite ses sympathies. Toutes les opinions peuvent se rencontrer sur ce terrain sans s'y combattre; car pour les Italiens la question

---

(1) Perrens, *Deux ans de révolution en Italie*. Paris, Hachette 1857.

des formes politiques n'est qu'accessoire, la démocratie n'est qu'un moyen, le but c'est l'indépendance, une de ces causes qui ne divisent pas. »

Veuillez agréer, Monsieur le Ministre, l'hommage de mes sentiments les plus respectueux et les plus dévoués.

L'Inspecteur général de l'Instruction publique,
Henri LE BOURGEOIS.

Paris, 30 décembre 1884.

PIECES ANNEXES

1° *Bollettino ufficiale del Ministero della Pubblica Istruzione*. — (Collection complète.)

2° *Leggi sulla pubblica istruzione*, annotate dall'avvocato Marco Vita Levi. (Torino. Unione tipografico-editrice, 33, via Carlo-Alberto, 1881.)

3° *Stato del personale addito alla Pubblica Istruzione del Regno d'Italia nel 1884*. — (Roma. Tipografia del fratelli Bencini, 1884.)

4° *Statistica dell'istruzione elementare per l'anno scolastico 1881-1882*. — Roma. Tipografia della Camera dei Deputati, 1884. — Ministero di agricoltura, industria e commercio. Direzione generale della statistica.

5° *L'ordinamento della scuolo popolare in diversi paesi*. — Note del professore A. Labriola. — Roma. Tipografia Eredi Botta, 1881.

6° *Statistica della emigrazione italiana, anno 1880*. — Ministero di agricoltura, industria e commercio. — Roma. Tipografia della Camera del Deputati, 1884.

7° *Le regie scuole normali di Napoli dall'anno 1862 al 1880*. — Cronaca per la prima Esposizione didattica in Roma. — Napoli. Stabilimento tipografico A. Trani, 25, strada Medina, Palazzo Fondi, 1880.

8° *Su le scuole normali di Napoli*. — Note ed impressioni di un Forestiere.

9° *L'istruzione pubblica in Genova dall'anno 1887 al 1881*. — Relazione di P. M. Garibaldi, assessore delegato. — Genova. Tipografia dei fratelli Pagano, 1881.

10° *La pubblica istruzione in Genova*. — Relazione dell assessore delegato. Aprile 1884. (Genova.)

11° *Città di Genova. Circolare n° 93*. — *Compiti scolastici per casa*.

12° *Scuola industriale femminile* (Duchessa di Galliera). — Relazione dell' assessore delegato all' istruzione per Maria Garibaldi. (Genova.)

13° *Azione della storia sulle idee, sulle opinioni e sul carattere*. — Discorso del professore Innocenti Ghini. — Genova. Tipo-litografia Pagano, via Luccoli, 32, 1884.

14° *L'igiene nelle scuole primarie municipali di Genova*. — Relazione dell' assessore delegato G. Falcone. (Genova.)

15° *Il civico Museo pedagogico e scolastico di Genova*, diretto dal professore Innocenti Ghini. — Genova, 1883.

16° *L'Insegnamento del disegno nelle scuola civica industriale femminile Duchessa di Galliera in Genova*. — Relazione (pubblicata a cura dal Municipio). Genova, 1881.

17° *Comune di Roma — Scuole elementari*. — Carta d'ammissione, promozioni e licenza (deux fascicules).

18° *Elenco delle scuole communali di Roma*.

19° *Scuole elementari maschili diurne*. Libri di testo e programmi.

20° *Relazione sull' opera dei fanciulli usciti dagli asili. Letta nell' adunanza dei soci*. — Napoli. Tipografia del prof. Vincenzo Morano.

21° *L'Istituto Casanova alla Esposizione generale italiana in Torino*. Relazione ai Soci, aprile 1884. — Napoli. Tipografia di Vincenzo Morano nell' Istituto Casanova.

22° *Istituto Casanova*. — Napoli (sept fascicules).

23° *A. Pasquale. Discorso inaugurale e conclusioni delle conferenze pedagogiche in Cosenza*. — Napoli. Tipografia A. Trani, 1883.

24° *Relazioni per la mostra didattica di Messina*. — Catania. Tip. Galatola, 1882.

25° *Programmi particolareggiati per le scuole elementari diurne maschili e femminili del municipio di Catania*, anno 1881-1882.

26° *Istruzioni e Programmi per le scuole serali*. — Catania, 1883.

27° *Quadri statistici delle scuole elementari (municipio di Catania)*.

28° *Santi-Giuffrida. La questione sociale e l'educazione*. Catania, 1884.

29° *Saggio d'un dizionario pedagogico metodica speciale*, compilato da Santi-Giuffrida, professore della scuola normale e capo ispettore delles cuole municipali di Catania. — Catania, fratelli Galati, 263, via Lincoln 1882.

30° *Municipio di Catania. — Elenco dei libri di testo* per l'anno scolastico 1883-1884.

31° *Archivia di pedagogia e scienze sociali* diretto da Latino de Natali, prof. all' Università di Palermo. — Via Vittorio-Emanuele, 468.

32° *Conferenze del Prof. Salvatore Romano agli ensegnanti elementari della città e della provincia di Palermo intervenuti ai corsi autunnali di gimnastica nel 1884*. Palermo. Tipografia Micheli Amenta, via Vittorio-Emanuele 447.

33° *Circolo filologico di Palermo.* — Relazione del segretario prof. Salvatore Romano 1881.

34° *Della cultura et delle professioni che si addicono alle donne.* Conferenza del prof. Salvatore Romano. Palermo, 1882.

35° *Sull VII Congresso pedagogico italiano e sulla III Mostra didattica.* — Relazione al R. Provveditore agli studi, del Prof. S. Romano.

36° *I Limiti dell' azione dello Stato nel pubblico e nel privato insegnamento,* del Prof. Salvatore Romano. Palermo, 1883.

37° *Municipio di Palermo.* — *Regolamento per le scuole elementari,* approvato dal consiglio provinciale scolastico nella tornata del 28 agosto 1876.

38° *Sillabario per imparare contemporaneamente la lettura e la scrittura con metodo fonosillabico,* di Pietro Rovasio. — Milano. Tipografia ditta Giacomo Agnelli, via Santa-Margherita, 1884.

39° *L'infanzia e l'adolescenza;* periodico educativa. — Milano. Tipog. Agnelli. (Deux fascicules.)

40° *Catalogo d'una collezione archeologica Greco-Sicula-Romana.* — Catania, 1884.

41° *Catalogo della ditta G. B. Paravia.* — (Torino-Roma-Milano-Firenze, febbraio 1884.)

42° *Catalogo dei libri ad uso premio per le scuole.* — Milano. Libreria ditta Agnelli, 2, via Santa-Margherita.

43° *Distribuzione dei premi agli alunni ed alle alunne delle Scuole comunali di Roma,* 1884.

44° *Breve relazione illustrativa degli oggetti riguardanti l'insegnamento dell' Igiene nelle Scuole comunali inviati alla Esposizione d'igiene a Londra nel 1884.*

45° *Statistica dell' istruzione secondaria e superiore per l'anno Scolastico 1882-83.* — Roma, 1885.

IMPRIMERIE CENTRALE DES CHEMINS DE FER. — IMPRIMERIE CHAIX,
RUE BERGÈRE, 20, PARIS. — 1924-5.